日本語あそび学

平安時代から現代までの いろいろな言葉あそび

倉島節尚／監修
稲葉茂勝／著
ウノ・カマキリ／絵

はじめに

　この本では、しりとり・あたまとり／しゃれ・だじゃれ／ごろあわせ／早口言葉／かけことば／清音・だく音／アナグラム／ぎなた読み／畳語／オノマトペ／山号寺号／無理問答／回文について見ていきます。

　これらのなかには、ぎなた読みや山号寺号など、みなさんが聞いたことのないものがふくまれているのではないでしょうか。聞いたことがなくても、これらはどれも、日本で古くから楽しまれてきた言葉あそびなのです。しりとりやだじゃれと同じです。しかも、こうした言葉あそびは、時代をさかのぼればさかのぼるほど、大人、それも教養ある人たちのあいだで楽しまれていたのです。なぜなら、昔は、読み・書きができない人が多かったからです。

◆

　江戸時代になると、庶民も読み・書きができるようになります。江戸や上方などの都市部の人たちの「識字率」は非常に高く、世界的に見ても最高水準にあったといわれています。

　文字文化が広がるとともに、言葉あそびもさかんになりました。文字をつかいこなせるようになった人たちが、言葉あそびにどんどん興じるようになっていきます。

　一方、文字を読めなくても楽しめる言葉あそびも登場しました。「判じ絵」です。これは、庶民の知的な娯楽となっていた「なぞ解き」のひとつで、ひとことでいえば、絵でかいたなぞなぞです（本書の姉妹本『なぞなぞ学』をご参照ください）。

江戸時代にかかれた判じ絵。　　　　国立国会図書館所蔵

判じ絵は江戸時代の庶民のあいだで大ブームとなりますが、識字率の高まりとともに回文、ぎなた読み、畳語などの言葉あそびもしだいにさかんになっていきました。

　江戸時代の庶民は、こうした言葉あそびをとおして、文字に親しんだり教養をつけたりしたのです。次は、「へらず口」とよばれる言葉あそびです。

> **ありがとう→** ありがとうならいもむしはたち
>
> **ありがたい→** ありがたいならいもむしゃくじら
>
> **あぶない→** あぶがなけりゃやせうまこえる
>
> **気の毒な→** きがどくならおひつのごはんはくえん

これらは、漢字で書いてみると、意味がよくわかります。

> 蟻が十なら芋虫二十歳
>
> 蟻が鯛なら芋虫ゃ鯨
>
> 虻がなけりゃ痩せ馬肥える
>
> 木が毒ならお櫃のご飯は食えん

また、「つけたし言葉」という言葉あそびもありました（→p19）。

> おおあり名古屋の金のしゃちほこ
>
> その手は桑名の焼き蛤

　「おおあり（おおいにある）」は尾張名古屋にひっかけたものですが、名古屋にそうかんたんにいけなかった当時の人は、この言葉から名古屋城に金のしゃちほこがあることを知りました。また、三重県桑名は蛤で有名ですが、上の言葉から桑名が焼き蛤で有名であることを知ったのです。

名古屋城の金のしゃちほこ。

次は、平安時代の藤原清輔（1104〜1177年）という人が著した『奥義抄』にのっている短歌（→p61）ですが、日本最古の回文として記録されています。「回文（→p58）」とは、上から読んでも下から読んでも同じ文のこと。「トマト」「しんぶんし」などの言葉と同じです。

> むら草に　草の名はもし　そなはらば
> なぞしも花の　咲くに咲くらむ
> （野に咲く草にもし名前があったならば、
> 　どうしてさくらの花が咲き、人びとの関心がそちらにあるときに
> 　（同じように）花を咲かせるのだろうか）

◆

　大人のなかには、子どもがだじゃれをいうのをいやがる人がいます。「親父ギャグ」などといって、小ばかにする傾向もありますが、そういう人は「あの客のギャグはつまらん」を聞いたとき、どう感じるでしょうか。やはり、親父ギャグと思うのでしょうか。
　これは、きゃく（清音）→ギャグ（だく音）ということで、「清音・だく音」を利用した知的な言葉あそびです。「意志は弱いが、意地がある」とくれば、まちがいなく親父ギャグの域をこえた教養が感じられるのではないでしょうか。

> ははのひにはははははははははのはははははははは
> ははのははのははははははははとわらった
> （母の日に母はハハハ、母の母はハハハハ、母の母の母はハハハハハと笑った）

　これらは、「ぎなた読み」（区切りによってちがった意味になる言葉あそび）と「畳語」（同じ言葉をいくつか連ねてあそぶ言葉あそび）の例。これらを理解するには、言葉のセンスと頭の回転のよさが必要です。

◆

　「日本語そのものが、だじゃれのかたまりである」という考えがあります。これは、日本語には同音異義語がたくさんあることから、だじゃれを多くつくれることをいったものです。
　小学生、とくに低学年の子どもたちは、言葉をどんどん吸収します。じつは、その年ごろの子どもたちにとって、同音異義語がたくさんあるという発見は、とても新鮮なことだといいます。

「ふとんがふっとんだ」といっただじゃれを何度もいう子どもがいますが、これは、同音異義語を発見した驚きを、何度も味わっているのです。
　次は、低学年の子どもたちがよく口にするだじゃれです。

　これらのだじゃれをいうことに対し、「くだらないことばかりいうな！」と、切りすてることはかんたんです。また、同音異義語の発見を楽しんでいるのだと思って見守ることのできる人は少ないのではないでしょうか。

◆

　だじゃれに代表されるような言葉あそびが、日本語力をきたえる！
　そう確信したときに、わたしはこの本をまとめようと思ったのです。みなさんも、言葉あそびをどんどん楽しんでください。

稲葉　茂勝

もくじ

はじめに ………………………………… 2
この本のつかい方 ……………………… 7

初級編

1 しりとりの魅力 ………………………… 8
2 しりをとらないしりとり …………… 10
  チャレンジコーナー あたまとりクイズ …………… 11
  しりとり昔話 …………………………… 12
3 しゃれとだじゃれ …………………… 14
  チャレンジコーナー だじゃれクイズ ………………… 16
  「地口」の話 …………………………… 17
4 ごろあわせ …………………………… 18
  チャレンジコーナー ごろあわせクイズ ……………… 21
5 早口言葉 ……………………………… 22
  早口言葉昔話 ………………………… 24
  チャレンジコーナー 外国の早口言葉 ………………… 25

中級編

1 「かけことば」であそぼう! …… 26
  短歌に出てくるかけことば ………… 30
2 清音・だく音であそぶ!? ……… 32
  チャレンジコーナー 清音・だく音クイズ …………… 34
  昔の清音・だく音 …………………… 35
3 アナグラムって、何? ……………… 36
4 ぎなた読みの由来 ………………… 38
  チャレンジコーナー ぎなた読みクイズ ……………… 40
  ぎなた読みの昔と今 ………………… 41
5 畳語であそぼう! …………………… 42
  短歌のなかの畳語 …………………… 44
6 オノマトペであそぼう! …………… 45
  さまざまなオノマトペ ……………… 48

上級編

1 山号寺号って、何? ……………… 50
  チャレンジコーナー 山号寺号クイズ ………………… 52
2 無理問答しよう! …………………… 53
  チャレンジコーナー 無理問答クイズ ………………… 56
  江戸時代と現代の無理問答 ……… 57
3 回文とは? …………………………… 58
  チャレンジコーナー 回文クイズ ……………………… 60
  昔の回文 ……………………………… 61

この本のつかい方

この本は、次の3つのパートにわかれています。

初級編（しょきゅうへん）	しりとり・あたまとり／しゃれ・だじゃれ／ごろあわせ／早口言葉
中級編（ちゅうきゅうへん）	かけことば／清音（せいおん）・だく音／アナグラム／ぎなた読み／畳語（じょうご）／オノマトペ
上級編（じょうきゅうへん）	山号寺号（さんごうじごう）／無理問答（むりもんどう）／回文

言葉あそびの種類（しゅるい）やつくり方をわかりやすく解説（かいせつ）しています。

イラストを豊富（ほうふ）に掲載（けいさい）しています。

チャレンジコーナーでは、いろいろな言葉あそびを紹介（しょうかい）しています。

コラムページでは、昔の有名な言葉あそびなど、関連（かんれん）する事がらについて、よりくわしく解説（かいせつ）しています。

初級編 1 しりとりの魅力

しりとりは、言葉の最後の文字からはじまる言葉を見つけて、順番につなげていくあそび。だれでも知っていることだけを解説するのではおもしろくない。いろいろな種類のしりとりを見ていこう。

基本のしりとり

「しりとり」は、「しりをとる」こと。まずは、しりをとる基本のしりとりのルールを確認しておこう。

- つかう言葉は名詞に限る。「きれい」「楽しい」などの形容詞や、「うごく」などの動詞は、つかえない。

- つかう言葉は、1つの言葉でなければならない。「○○の△△」「□□と××」などは、つかえない。

- 最後に「ん*1」がつく言葉をいったら、負け。

- いちど出てきた言葉をいったら、負け。

しりとりいろいろ

かわったしりとりを4つ紹介する。ルールを増やすことで、基本のしりとりよりもむずかしくなっている。

①3文字言葉しりとり

3文字の言葉に限ることで、難易度が上がる。さらに、4文字や5文字の言葉に限れば、より頭をつかう。語彙*2力が必要となるのはいうまでもない。

つくえ → えくぼ → ぼうし → シーツ → つくし ……

*1 「ん」のほか、「きゃ」「きゅ」「きょ」など、「拗音」でおわったら、負けというルールもある。

*2 一言語、またある範囲で用いられる語の集まり。

②テーマしりとり

つかっていい言葉の種類を限るしりとり。テーマにあった言葉を、どれだけたくさん知っているかが勝負のわかれ目だ。

生きもの

からす → すずめ → めだか → かもめ → めじろ ……

食べもの

チョコレート → トマト → とんかつ → ツナ ……

③2文字まとめどり

言葉の最後の2文字をまとめてとるしりとり。おわりから2文字目に「ん」を入れた人は負け。3文字、4文字をまとめてとるルールにすると、どんどん難易度が上がっていく。

ずこう → こうさてん → てんぷら → プラスチック → つくえ ……

✗ ずこう → こうさてん → てんき

④漢字しりとり

漢字でできた言葉の最後の漢字をとってつないでいく。同じ漢字であれば別の読み方でもかまわない。

電車 → 車外 → 外見 → 見物 → 物語 → 語学 ……

初級編 2 しりをとらないしりとり

「かえる→めだか→すずめ……」は、どうしてそのように並んでいるのかわかるだろうか？　これは「しりをとる」のではない「しりとり」の一種。「あたまとり」などといわれる言葉あそびなのだ。

あたまとり

かえる → めだか → すずめ → からす → いか ……

　上の例は、ぱっと見ただけでは、何だかわからないだろうが、あたまの文字（最初の文字）が次の言葉の最後の文字になるように、言葉をさがすあそびだ。「しりとり」ではなく、「あたまとり」ということになる。

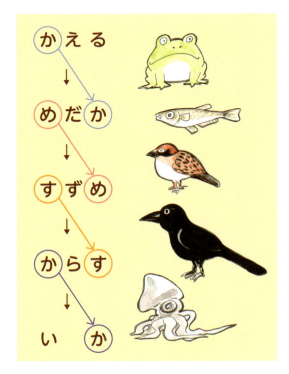

どこでもとり

いす → いし → しか → からす → ラッパ → らっきょう……

　上の例は、前の言葉のなかにあるどれか1文字をつかって、言葉をつなげていく「どこでもとり」。これも「あたまとり」と同じように、「しり」をとらないしりとりだ。

意味とり

　左は「連想しりとり」などとよばれることもある。言葉の意味から連想できる言葉をつないでいくあそび。
♪さとうは白い♪
♪白いはうさぎ♪などと、昔からふしをつけてうたわれてきた。

あたまとりクイズ

あたまとりになるように❶〜❽を並べるにはどうするとよいか？

Q1 動物あたまとり

❶かえる　❷ねこ　❸めだか　❹きつね

❺ことり　❻すずめ　❼たぬき　❽りす

Q2 国名あたまとり

❶アイルランド　❷カナダ　❸ドイツ　❹コスタリカ

❺トルコ　❻ルクセンブルク　❼クエート　❽ツバル

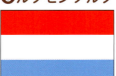

答え　Q1 ①→③→⑤→②→⑧→⑥→⑦→④　Q2 ②→④→⑤→⑥→⑦→⑧→③→①

しりとり昔話

しりとりは、平安時代からあった言葉あそび「文字鎖」が元になっていると考えられる。「文字鎖」は、長歌*という和歌に見られる、句の最後の文字が次の句の最初にくるように歌をつなげる形式をさす。

*五七、五七、…、五七、七の形式で、長くくりかえしていく和歌。

室町時代の「源氏文字鎖」

下は、室町時代に書かれた「源氏文字鎖」。平安時代に紫式部が書いた『源氏物語』の「桐壺」「帚木」などの54もある題名を、七五調のリズムでおぼえられるようにしたものだとされている。

源氏のすぐれて　やさしき は
は かなくきえし　桐壺 よ
よ そにも見えし　帚木 は
……（あいだは省略）
ち ぎりのはては　蜻蛉 を
お のがすまひの　手習 は
は かなかりける　夢浮橋

※「はかなくきえし」は、「よわよわしく亡くなってしまった」という意味で、「よそにも見えし」は「ほかのところでも結婚した」という意味。

しりとりは江戸時代に流行

文字鎖は、大人、しかも教養のある人たちのあそびだったが、江戸時代後期になり、一般庶民のあいだにも読み書きができる人が増えてきて、文字鎖よりはるかにかんたんな「江戸文字鎖」が流行。子どもから大人まで、広く楽しまれるようになった。

下は、つなげる言葉が同じではないところもあるが、声に出して読んでみると、リズムよくうまくつながっている。お手玉やまりつき、子守唄としてもうたわれたといわれている。

牡丹に唐獅子竹に虎
虎をふまえて和藤内
内藤さまはさがり藤
富士見西行うしろむき
……(以下省略)

※「牡丹に唐獅子竹に虎」は、よく似あっていて、図柄としてとりあわせがよいもののたとえ。
「虎をふまえて和藤内」は、『国性爺合戦』という物語に主人公の和藤内が虎をとらえる場面があることをいったもの。
「内藤さまはさがり藤」は、内藤家の家紋が「さがり藤」であることをいったもの。
「富士見西行うしろむき」は、日本画の題材として、富士山をながめる西行法師のうしろすがたが好んでえがかれたことをふまえている。

初級編 3 しゃれとだじゃれ

何かいわれたときにすぐにかえす気のきいた言葉を「しゃれ（言葉）」という。しゃれには、その人の知識や教養があらわれる。一方「だじゃれ」は、ただ同じ音やよく似た音をかけるだけというが……。

だじゃれの「だ」は？

「だじゃれ」は、「しゃれ」と違って知識も教養もいらないことから、「つまらない」という意味の「駄」がついた言葉だ。しかし、深い意味を考えてつくられただじゃれは、いう人はもちろん、聞く人にも知識が必要。逆にいってみれば、深い意味をもつ場合には、だじゃれとされるものでも、高度な言葉あそびといえるだろう。

だじゃれが日本語をゆたかにしてくれる！

だじゃれを考えることは、日本語の語彙を増やすことに役立つ。言葉や、その意味をたくさん知っていれば、同じ音や、似た音の言葉をさがしやすくなる。そして、だじゃれに深い意味をもたせることもできるのだ。

次のだじゃれは、「たいそう」という言葉が「とても」という意味でつかわれることを知っていないとつくれない。

このたいそうは、たいそうつかれる。
（この体操は、たいそうつかれる。）

次は、「ねむけ」をあらわす「睡魔」というむずかしい言葉を知らなければつくれないし、聞いてもわからない。

すいまにまけて、すいません。
（睡魔にまけて、すいません。）

だじゃれを聞いたりつくったりしているうちに、語彙が増える。そう考えてみると、だじゃれは日本語をゆたかにしてくれるものといえないだろうか。

だじゃれのつくり方

だじゃれをじょうずにつくるためにはどうすればよいか。ABCの3つのパターンを紹介する。

パターンA

同じ読みで違う意味をもつ言葉（同音異義語）をさがす。そのあとで意味がとおるようにつなげて文にする。

　むし(虫) ・ 無視(する)

→むしを　むしする

（虫を無視する）

　きみ(君) ・ (たまごの)黄身

→きみは　きみがすきだ

（君は黄身がすきだ）

1つの言葉が別の意味にならないか、別の意味になったら、どうつなげれば文になるのかを考えていくことで、だじゃれがつくりやすくなる。

パターンB

2つ以上の言葉をつなげて意味のある言葉をつくる。そのあとで、つなげて文にする。

　しょうが ＋ ない → しょうがない

→しょうが ない? しょうがない

（ショウガない?　しょうがない）

　ない ＋ ぞう → ないぞう

→ないぞうが　ないぞう

（内臓がないぞう）

パターンC

1つの言葉を2つに切りわけて、別の意味をもたせる。

　わくせい → わー
　　　　　　→ くせい

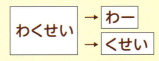

わくせい(惑星)のおならはわー、くせー。

チャレンジコーナー

だじゃれクイズ

だじゃれもクイズにすると、けっこうむずかしい！ ○に入る文字は？

❶「こら！ そんないいわけして、
　○○○○?」

❷「きょうの委員会、
　いかなくて○○○○○?」

❸「○○○○の実は体にいいんですって?」
　「うん、胃腸にきくらしいよ！　でも、
　いちおう お医者さんに聞いてね」

❹オオカミがトイレに入って、
　「○○、紙がない。」

❺オットセイをがけから○○○○○！

❻「かいじゅうはどこにいるの?」
　「○○○○○○!」

答え ❶いいわけ ❷いいんかい ❸いちじく ❹おお ❺おっことせい ❻けいじゅうちゅう

「地口」の話

日本人は昔からしゃれ（言葉）を好んできたが、
とくに江戸時代には、しゃれをつかいこなせる人は
「ユーモアがあって粋な人」とされ、しゃれ文化が花ひらいた。

地口とは

「地口」は、一種のしゃれ言葉で、ことわざや、よく知られている芝居のせりふなどをもじってつくられる。

とんで湯に入る夏の武士

＜元になったことわざ＞
とんで火に入る 夏の虫

　地口は、ただのしゃれ（言葉）、ましてだじゃれではない。同じ音や似た音をつかって、二重、三重の意味を表現する言葉あそびであることは、しゃれやだじゃれに通じるが、なんといっても、元になることわざなどを知っていなければ、いえないし、聞いてもわからない。すなわち、地口を楽しむには、教養が前提となるのだ。

地口行灯

「地口行灯」は、江戸時代より祭礼の際にかざられる絵と文字を楽しむ行灯のこと。行灯とは、木などのわくに紙をはり、なかに油の入った皿をおいて、火をともす伝統的な照明器具。
　教養のある人たちは江戸時代から、しゃれの妙技を競いあい、言葉あそびを楽しんできたことがうかがえる。

現在も歌舞伎座で見られる地口行灯は、ことわざなどのほかにも、芝居にちなんだものが多い。

写真提供：(株)歌舞伎座

初級編 4 ごろあわせ

「ごろ（語呂）あわせ」は、言葉を別の文字・数字におきかえて言葉の調子をそろえる言葉あそびだ。「はじめに」で紹介した「その手は桑名の焼き蛤」（つけたし言葉）も「ごろあわせ」と見ることができる。

数字を言葉にしておぼえる

ただ数字が並んでいるものは、とてもおぼえにくい。このため右の表のように、それぞれの数字を文字におきかえておぼえやすくすることがある。これが、数字の「ごろあわせ」だ。

西暦 できごと	ごろあわせ
538年 仏教伝来	いざや倭国へ仏教伝来 5 3 8
645年 大化の改新	虫ころす 大化の改新 6 4 5
710年 平城京に遷都	なんときれいな！平城京 7 10
720年 日本書紀	なにを記した？日本書紀 7 2 0
794年 平安京に遷都	鳴くようぐいす、平安京 7 9 4
1600年 関が原の戦い	600回の咳がホラ！
1853年 ペリー来航	ヤッコさんもビックリ、 8 5 3 ペリーの黒船
1868年 明治維新	ひとつやろうや明治維新 1 8 6 8
1939年 第二次世界大戦	苦策を講じる二次大戦 9 3 9

※上のごろあわせのなかには、西暦の「千の位」を省略しているものもある。

ごろあわせと縁起かつぎ

　「とんかつ」や「かつどん」を勝負や試合の前に食べる人がいる。これは、「勝つ」につなげる縁起かつぎだ。「ご縁」があるとして5円玉をもち歩く人や、小さなカエルのおきものを「お金がかえるように」と財布に入れる人もいる。

　こうした生活のなかにもとりいれられた縁起かつぎは、だじゃれでもあり、ごろあわせでもある。

　賽銭の金額を15円にするのは、「十分なご縁があるように」、45円は「始終ご縁があるように」という縁起かつぎだという。

　お正月のおせち料理には、名前がごろあわせになっているものがある。こんぶまきは「よろこぶ」、たいは「めでたい」のごろあわせだ。

　一方、4、9の数字は、「死」「苦」を連想させるため、病院の部屋番号などにつかわれないことがある。「忌み*」と読める13もいやがられる数字だとされている。

＊「忌み」には、死、けがれの意味がある。

つけたし言葉

　「ごろ（語呂）」は、言葉や文の続き具合や調子をあらわすためのもの。「ごろがいい／わるい」などとつかわれる。「ごろあわせ」という言葉は、そこからきた。

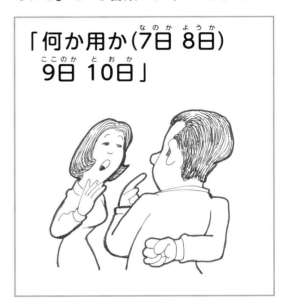

「何か用か（7日 8日）
9日 10日」

　上の例は、「おはよう」を「0840」としたり「よろしく」「4649」とするのと同じで、文字を数字におきかえたごろあわせということになる。ところが、「ようか（8日）」とするだけでいいものを、「9日 10日」をつけたしている。これは、「うまかった（馬勝った）、牛負けた」というだじゃれで「馬」と「牛」、また、「勝った」と「負けた」というのと同様に、「7日 8日」にあわせて文の調子を整えたつけたし言葉である。

　このようなつけたし言葉は、江戸時代におおいに流行したが、現在でも、「I'm sorry ヒゲソーリー、ひげをそるならカミソーリー」など、新しいものがつくられることがある。

ごろあわせのつくり方

18ページの西暦をつかったごろあわせは、1つの例。ごろあわせは、自分自身でつくることができる。

パターンA

数字を読みかえる場合、下の表のような読みをするとよいだろう。

数字読みかえ表

0	れい、れ、ぜろ、ない、わ（形から）、まる、お・を（アルファベットのO）
1	いち、い、ひとつ、ひと、ひ
2	に、ふたつ、ふた、ふ、ぷ、つ（英語の「ツー」）
3	さん、ざん、さ、ざ、みっつ、みつ、み
4	よん、よ、よっつ、し、じ、フォ（英語の「フォー」）
5	ご、こ、い、いつつ、いつ
6	ろく、ろ、むっつ、むつ、む
7	しち、なな、ななつ、な
8	はち、ばち、は（わ）、ば、ぱ、やっつ、やつ、や
9	きゅう、きゅ、く、ぐ、ここのつ、ここの
10	じゅう、じゅ、とお、と、てん（英語の「テン」）、て

円周率＊のような数字の並びをおぼえるときに、ごろあわせが役立つ。

3.141592653……→産医師異国にむこさん

＊円周率とは、円周の長さと円の直径との比の値。

パターンB

パターンAと逆に、文字を数字に読みかえる場合も、上の表が役立つ。

おはよう（お）→0840　　はやくしろ→88946
よろしく→4649　　　　　ばいばい→8181

初級編

チャレンジコーナー

ごろあわせクイズ

左ページの数字の読みかえ表をヒントに、
言葉⇔数字に読みかえるとどうなるか？

❶ やきゅう

❷ はちみつ

❸ おこして

❹ ここはさむい

❺ くつをはく

❻ はなさくにわ

❼ なくこ

❽ はむをやく

❾ なつはむしむし

❿ とおくにいく

⓫ 5 10 8

⓬ 39

⓭ 328

⓮ 7974

⓯ 8181

⓰ 2983

⓱ 5656

⓲ 88915

⓳ 49310

⓴ 0828877

答え
❶89 ❷832 ❸054 10 ❹558361 ❺92089 ❻873920 ❼95 ❽86089
❾7286464 ❿10 9219 ⓫こいご ⓬サンキュー ⓭みつばち ⓮なくなよ
⓯ぱいぱい（はっぱ、はいばい） ⓰にくやさん ⓱ころころ ⓲ははくいこ（？）⓳よくいとう
⓴おやつはばなな

初級編 5 早口言葉

「早口言葉」はいうまでもなく、いいにくい言葉をどれだけ早くいえるかをためす言葉あそび。日本だけでなく世界じゅうにある。

いいにくい言葉

いいにくい言葉は、人によって多少ことなっている。たいていの人は「手術」のように、「しゃ・しゅ・しょ」など（「拗音」とよぶ）が入っている言葉はいいにくい。

よく知られる早口言葉である「東京特許許可局」では、「きょかきょく」が、拗音の「きょ」＋「か」＋拗音の「きょ」＋「く」となっていて、か行の音と同じ行の拗音のくりかえしになっている。

また、「ぼうずがびょうぶにじょうずにぼうずのえをかいた」では、拗音の「じょ」「びょ」と「ぼ」のいいわけがむずかしいとされている。

長い早口言葉

長い早口言葉は、文の意味を考えるといいやすくなる。

ぶたがぶたをぶったら
ぶたれたぶたが
ぶったぶたをぶったので
ぶったぶたとぶたれたぶたが
ぶったおれた

きょうのきょうげんしが
きょうからきょうきて
きょうきょうげんして
きょうのこきょうへ
きょうかえった

（京の狂言師が　京から　今日きて
今日狂言して　京の故郷へ
今日帰った）

この早口言葉は、「京」が京の都をあらわしていることや、「狂言師」「狂言」「故郷」といった言葉の意味を知ることで、いいやすくなる。

早口言葉で話し方トレーニング

舌をかみそうになる、いいにくい言葉を、できるだけ早口でまちがえずにいうのは、楽しいあそび。これは、話し方のトレーニングにもなるという。テレビやラジオのアナウンサーなども、よりはっきり発音できるように、滑舌（舌の動き）をよくするための訓練として、早口言葉を練習するという。

オリジナルで早口言葉をつくろう！

オリジナルで、よりむずかしい早口言葉をつくるにはどうすればよいか。

1 いいにくい言葉を1つさがして、それと同じ音や似た音が入っている言葉を、なるべく多く見つける。

しゅじゅつ（手術）

しゅじゅつしつ（手術室）
しゅじゅつちゅう（手術中）
しゅじゅつぎ（手術着）

2 見つけた言葉を、意味がとおるように組みあわせて文をつくる。

しゅじゅつしつで
しゅじゅつちゅう
しゅじゅつぎをきたいしゃに
しょっちゅう
ちゅういされるかんごし

（手術室で
手術中
手術着を着た医者に
しょっちゅう
注意される看護師）

早口言葉昔話

早口言葉がいつごろからあそばれていたのかについて、正確にはわかっていないが、江戸時代のなかごろには、「舌もじり」とよばれる早口言葉が流行してたことが知られている。

「舌もじり」とは?

「もじり」を辞書でひくと「言語遊戯の一。言葉の語句や音調を同音または音の近い他の語に言いかけること。地口・語呂などの類。」と記しているものがある。また「舌もじり」は「言葉遊びの一。発音しづらい言葉を連ねて言わせるもの。」とされている（『大辞林　第三版』より）。

有名な舌もじりには、「となりの客はよくかき食う客だ」がある。また、歌舞伎の「外郎売」という演目に登場する非常に長い早口のせりふも舌もじりとして知られてきた。これが、現在の早口言葉のはじまりだという説もある。

この話では、かたきうちをしようとする曾我五郎が、外郎を売る商人をよそおってかたきに近づく。「外郎」とは、薬のことだ。外郎売は、薬の由来や効能について、右のような長いせりふをいう。その後、薬をのんで舌がよくまわるようすが演じられる。現代でも、アナウンサーや声優などが、発声や発音の練習のために、外郎売のせりふをつかうことがある。

「外郎売」のせりふの一部

きょうのなまだらなら
なままながつお
（京の生鱈　奈良　生まな鰹）

ぼんまめぼんごめぼんごぼう
（盆豆　盆米　盆ごぼう）

ふるくりのきの
ふるきりくち
（古栗の木の古切り口）

きくくりきくくりみきくくり
あわせてきくくりむきくくり
（菊栗菊栗三菊栗
　あわせて菊栗六菊栗）

チャレンジコーナー

外国の早口言葉

カタカナ*を参考にして、外国の早口言葉にチャレンジ！

*本来、外国語を日本語(カタカナ)で表記することはできないが、ここでは、その外国語の音にできるだけ近づけたカタカナでふりがなにした。

英語のtongue twister

「tongue twister」は、「舌をねじるもの」という意味だ。最も有名なものの1つに、次がある。

シー セルズ
She sells
シー シェルズ
seashells
バイ ザ シー ショア
by the seashore.
（彼女は海岸で貝殻を売っている。）

カタカナで書くと、she も sea も「シー」としか書けないが、sea は she より、音を出すときに舌の先が前に出る。この早口言葉は、これらのいいわけがむずかしい。

グリーク グレイプス
Greek grapes
（ギリシャのぶどう）

Greekの「k」は、「クッ」と息を強く出す。そのすぐあとに「グ」と続くのが、いいにくいとされている。

チープ シップ トリップ
Cheep ship trip
（安い船旅）

「p」は「プッ」と強く息が出る。そのすぐあとに「シ」「ト」と続くのが、いいにくいといわれている。

韓国語の 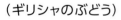(早口言葉)

ネガ クリン キリン クリムン
네가 그린 기린 그림은
モッ クリン キリン クリミゴ
못 그린 기린 그림이고
ネガ クリン キリン クリムン
내가 그린 기린 그림은
チャル クリン キリン クリミダ
잘 그린 기린 그림이다.

（君がかいたキリンの絵は　よくかけなかったキリンの絵で　わたしがかいたキリンの絵は　よくかけたキリンの絵だ。）

中国語の绕口令（ラオコウリン）(早口言葉)

スーシースー　シーシーシー
四是四，十是十，
シースーシースー　スーシースーシー
十四是十四，四十是四十
（四は四、十は十、
　十四は十四、四十は四十）

中国語（普通話）には、同じ音でも4種類の発音（四声）があり、それぞれことなる意味になり、漢字もことなる。

第一声	たいらに発音（→）
第二声	しり上がりに発音（↗）
第三声	いちど下がってからあげて発音（⌵）
第四声	しり下がりに発音（↘）

上に出てくる漢字の「四（スー）（↘）」と「是（シー）（↘）」は第四声で、「十（シー）（↗）」は第二声。

初級編

中級編 1 「かけことば」であそぼう！

「かけことば」は、漢字で書くと「掛詞」となるが、これは同じ音（似た音）で2つ以上の意味をあらわしてあそぶ言葉あそびだ。もとは、短歌をつくる技の1つだった。

かけことば＝だじゃれ!?

「かけことば」は、現代的には、しゃれ（言葉）（→p14）または「まじめなだじゃれ」といってよいだろう。

これは、「秋が深まり花が枯れていく遊園地」という状況をあらわすものだが、「秋」と「飽き」、「花」と「華」がかけことばになっている。このため、「人びとが飽きてしまって、華やかさがなくなっていく遊園地」という心象風景（心のなかにうかんだ印象）を語ったものだともいえる。

このように上の「秋深し」や「あきし憂ければ」（→p30）のようなかけことばと「秋はもう飽きた」や「電話にでんわ」などのだじゃれとは基本的には同じだということが許されるだろう。

しゃれかだじゃれか？

「幽霊屋敷のかいだん」とくれば、「階段」と「怪談」のかけことばだが、だじゃれのような気がする。「おもしろい落語家のせんす」「扇子」と「センス」は、少し深くなってきているが、まだだじゃれの域を出ないかもしれない。

「伝統」と「電灯」のかけことばが入っている「でんとうある旅館」は、どうだろう。「家のそうじはほうきです」となると、「ほうき」を「放棄」とかけてあり、なかなか意味深いものが感じられるのではないだろうか。右ページの例は、どうだろう。

中級編

あのケーキ屋さんは
ケーキがいい

景気 ケーキ

寝るまえのミルク、
ホットします

ほっと ホット（熱い）

ラーメン屋さんの
冷蔵庫の**こしょう**

コショウ 故障

戦うのは**ボクサー**

ぼくさ ボクサー

剣道の達人
めんをくう

面 麺

大相撲、
巡業は**ぎょうじ**です

行事 行司

かけことばのつくり方

かけことばをつくるのは少しむずかしいが、次の手順にしたがってみると、けっこうかんたんにできるはず。

1 同じ音で違う意味をもつ言葉（同音異義語）をさがす。

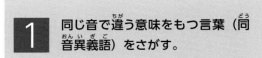

2 見つけた言葉をつかって、2つのことなった状況を同時にあらわす文をつくる。

はなをかんだ。

→ⓐ鼻をかんだ。

→ⓑ花をかんだ。

＊この場合、「かむ」もかけことばになっている。

- - - - - - - - - - - - - - - - - -

このはしは木でできている。

→ⓐこの橋は木でできている。

→ⓑこの端は木でできている。

あめがふってきた。

→ⓐ雨がふってきた。

→ⓑ飴(あめ)がふってきた。

→ⓒあ、目がふってきた。

ⓐはふつうのことだが、ⓑもあり得る。家を新築(しんちく)するときに、家の骨組(ほねぐ)みができると、屋根からお金やおかしなどを投(な)げる習慣(しゅうかん)がのこる地方があるからだ。ⓒは、同じ音を、2つの言葉にわけた例(れい)だ。「みんなの視線(しせん)をあびる」という気持ちを、「目がふる」とあらわしたと考えられる。

かけことば俳句(はいく)

かけことばを「五・七・五」にあてはめてみると、リズミカルな俳句(はいく)ができる。

> オウンゴール
> 試合(しあい)おわって
> 雨がふる(あ、目がふる)

これはサッカーの試合(しあい)でボールを誤(あやま)って味方のゴールに入れてしまった選手(せんしゅ)が試合(しあい)をおえて、「観客(かんきゃく)のきびしい目(まなざし)」をあびて気持ちがおちこんだようすを「雨がふる」といっているわけだ。

落たんした気持ちを涙(なみだ)の雨でたとえるだけでなく、観客のきびしい目(まなざし)を「あ、目がふる」という表現(ひょうげん)であらわし、かけことばとしていると考えれば、この文も、かけことばの入った俳句(五・七・五)といえる。

短歌に出てくるかけことば

短歌などではゆたかな表現にするための工夫（修辞法）としてかけことばがつかわれる。これは五・七・五・七・七の5句31音からなる歌のなかで、より深い意味をもたせるための工夫だとされている。

『古今和歌集』では

初雁の
なきこそわたれ
世のなかの
人のこころの
あきし憂ければ
（紀貫之）

これは、平安時代の『古今和歌集』に出てくる短歌。「なき」と「あき」がかけことばになっていて、「初雁の鳴き」と自分が「泣き」、また、「あき」には「秋」と「飽き」の意味がこめられている。

「初雁の鳴き声こそ空をわたれ。世のなかにすむ人の心に、秋が悲しいのだから」という意味とともに、「初雁の声ほどのわたしの嘆きさえ、いっしょに空へとわたっていけ。あの人の心にも、飽きがきたのを悲しむように」という気持ちをあらわしている。

秋の野に
人まつむしの
こゑすなり
われかとゆきて
いざとぶらはむ
（詠人知らず）

この短歌は、「秋の野原で、松虫の声が、人を待っているように聞こえます。わたしを待っていると思って、松虫のところへいってみよう」という気持ちをあらわしているいわれる。第二句にある「まつ」がかけことばになっている。「人（を）待つ松虫の」では、文字の数が短歌の定型にあてはまらないので、「まつ」と「松」の2つの言葉をかけことばにして7文字におさめたと考えられる。

このように、短歌では、表現の仕方

にいろいろな工夫（修辞法）をこらす。
　もう1つ、定型にあてはめるためのかけことばがつかわれている短歌を見てみよう。

花の色は
うつりにけりな
いたづらに
わが身世にふる
ながめせしまに
（小野小町）

　この歌では、「降る」と「経る」、「長雨」と「眺め」の2つがかけことばになっている。意味は「春の長雨がふっているあいだに、花の色は、すっかり色あせてしまいました。気がつけばわたしの美しいすがたも、もの思いにふけっているあいだに、おとろえてしまいました」というものだと考えられる。
　このように、昔の短歌には、次のようなかけことばがよく見られる。

まつ→ 松 待つ

ながめ→ 眺め 長雨

ひ→ 火 日

よ→ 世 節 夜

ふる→ 古 降る 経る

かれ→ 枯れ 離れ

中級編 2 清音・だく音であそぶ!?

言葉のなかの1文字に、だく点「゛」・半だく点「゜」がつくか、つかないかで、意味が大きくかわる。「清音・だく音であそぶ」とは、その1文字の違いを楽しむ文を考える言葉あそびのことである。

「清音」「だく音」の違い

「清音」とは、仮名文字のなかで、「か・き・く・け・こ」など、だく点のない文字の発音のこと。一方の「だく音」は、「が・ぎ・ぐ・げ・ご」など、だく点のある仮名文字の発音。「半だく点のあるものは、「半だく音」とよばれている。半だく音は、ぱ・ぴ・ぷ・ぺ・ぽ・ぴゃ・ぴゅ・ぴょの8つだけだ。

1文字が「清音」と「だく音」の違いになっている言葉をたださがすだけでは、おもしろい言葉あそびにはならない。

だく点がつくかつかないかだけの違いの「たいがく（退学）」と「だいがく（大学）」が、「大学を退学する」というように、意味がとおる文になったとき、おもしろい言葉あそびができるわけだ。

このいしいじわる
（この石意地悪）

きんかではかえないぎんが
（金貨では買えない銀河）

かいこくしたらがいこくがきた
（開国したら外国がきた）

こんとはこんどこそおもしろく
（コントは今度こそおもしろく）

かんとうにかんどうした
（完投に感動した）

きゃくにうけたギャグ
（客にうけたギャグ）

清音・だく音の言葉あそび

清音・だく音の言葉あそびをつくるにはどうしたらよいか。AとB、2つのパターンで見てみよう。

パターンA

「゛」「゜」がつかない言葉と、その言葉のなかの1文字に「゛」「゜」をつけた言葉をさがす。その際に役立つのが、国語辞典だ。1つの言葉のあとに、だく音・半だく音になった言葉が出てくるからだ。

ふく（服、福）	フグ
タイヤ	ダイヤ
へん	ベン	ペン

次に、さがしだした言葉のなかから、おもしろい関係のある言葉をつなげる。ただつなげるのではなく、意味のとおる文になっていることが必要だ。

ふくをきたフグ
（服を着たフグ）

ふくがきたフグ
（福がきたフグ）

ダイヤでできたタイヤ

へんなペンをもっている
アメリカ人のベンくん
（変なペンをもっている
　アメリカ人のベンくん）

パターンB

文のなかの1文字に「゛」「゜」をつけたり、とったりしてみる。

みしんこわれた
（ミシンこわれた）

みじんこわれた
（ミジンコわれた）

はしるじてんしゃにのる
（走る自転車にのる）

はしるし、でんしゃにのる
（走るし、電車にのる）

上のような文を見つけるには、だく点をつけたりとったりしてみるだけではなく、文の区切りをかえてみるといいだろう（「ぎなた読み」→p38）。
いろいろためしているうちに、言葉の一部が別の言葉になったり、何かをつけたせば、別の言葉ができたりすることに気がつくだろう。

チャレンジコーナー

清音・だく音クイズ
せいおん　だくおん

清音・だく音の言葉あそびをクイズにしてみた。
Q1・Q2の問いに答えよう!

Q1 1文字にだく点を打って、意味のとおる文にするには?

❶いとうさんがいとうする。
❷さとうにさとうはつかいません。
❸のうきょうのきょうりょくでのうきょう。
❹はいはいしながらはいばいする。
❺いしはよわいがいしがある。

Q2 だく音1文字を清音にかえて意味のとおる文にするには?

❶あいじょうがいいのであいじょうがわく。
❷しみんがいかんのがいかんがこわれた。
❸いぎのよさにいぎがある。
❹がくしゅうでがくしゅうする。
❺げんていされたげんていしけん。

昔の清音・だく音

8世紀につくられた『万葉集』などの短歌を中国から伝わった漢字で書いた「万葉仮名」では、清音とだく音が書きわけられていたことがわかっている。

清音とだく音が書きわけられていた!?

中国語の漢字を受けいれた日本人の祖先は、8世紀の『古事記』・『日本書紀』・『万葉集』のなかの和歌を書きあらわすときに、漢字（万葉仮名）で清音・だく音を書きわけた。

しかし、平安時代につくられた仮名文字には、だく音をあらわすための仮名はなく、和文*では清音・だく音の書きわけをしなかった。ただし、学術的な書物（辞書など）では音の指示が記されているものがあり、当然、平安時代の学者は、だく音を知っていた。

和文で仮名文字にだく点を打ったものは、鎌倉時代から少しずつあらわれた。だく音の指示が、学者以外の人にも必要とされるようになったからではないかと考えられている。

江戸時代になると、だく音を仮名文字にだく点を打ってあらわすことが増えたが、すべてのだく音にだく点を打つことが一般化したのは、明治になってからのことだ。それでも、法律の文などではだく点を打たなかった。

*和語を主とし、とくにひらがなを用いて書かれた文章。

「いろは歌」にはだく音がない!?

日本語の清音・だく音を同じ仮名文字で書いた例として、平安時代中期につくられた「いろは歌」がある。○でかこんだ仮名は清音で書かれているが、読むときにはだく音で読む。

いろはにほへ(と)　ちりぬるを
わ(か)よたれ(そ)　つねならむ
うゐのおくやま　けふこえて
あさきゆめみ(し)　ゑひもせ(す)

（色は匂へど　散りぬるを
我が世誰ぞ　常ならむ
有為の奥山　今日越えて
浅き夢見じ　酔ひもせず）

※ふりがなは、現代仮名づかいで表記した。

中級編 3 アナグラムって、何?

「アナグラム」とは、並べかえると、ことなる意味になる言葉や文のこと。これは古くから言葉あそびとしても知られている。「ないようがいい」を並びかえると、「いいようがない」となる。

並べかえると別の意味

「内容がいい」と
「いいようがない」

上は、文字の順番をかえることで別の意味の言葉や文になる。

かつて田中角栄という総理大臣がいた。次の例は、その名前を仮名で書いたものを、それを並びかえたものとをつないでみたもの。意味がすんなりとおる、すぐれたアナグラムである。

たなかかくえい
ないかくかえた
(田中角栄　内閣かえた)

五十音といろは歌

「いろはにほへと・・・」、すなわち「いろは歌」（→p35）は、あいうえお（五十音）のすべての仮名文字を1回ずつつかって並びかえ、歌にしたものだ。長いアナグラムになっている。

いろは歌

い	ろ	は	に	ほ	へ	と
ち	り	ぬ	る	を	わ	そ
わ	か	よ	た	れ		
つ	ね	な	ら	む		
う	ゐ	の	お	く	や	ま
け	ふ	こ	え	て		
あ	さ	き	ゆ	め	み	し
ゑ	ひ	も	せ	す		

五十音

あ	い	う	え	お
か	き	く	け	こ
さ	し	す	せ	そ
た	ち	つ	て	と
な	に	ぬ	ね	の
は	ひ	ふ	へ	ほ
ま	み	む	め	も
や		ゆ		よ
ら	り	る	れ	ろ
わ	(ゐ)		(ゑ)	を
ん				

信じられない偶然！

「11＋2」の数字と記号を文字だと見たてて、並べかえると、「12＋1」ができる。すると2つの式の答えが等しくなるのだ。不思議な偶然である。

ところが、この数式のアナグラムには、さらに不思議なことがある。下の英語を見てみよう。

11は、英語で eleven、2は two、12は twelve、1は、one だ。上は、数式を英語で書いたものだが、アナグラムになっているではないか。思わず文字をチェックしたくなるだろう。

英語では、このようなアナグラムが古くから楽しまれている。日本語よりはるかにアナグラムが豊富だといわれている。

ぎなた読みの由来

中級編 4

「ぎなた読み」は「弁慶が、なぎなたをもって」と、読まなければならないところを、「弁慶がな、ぎなたをもって」と、区切るところを間違えて読まれたという話に由来する言葉あそびだ。

1つの文で2つの意味

「しんだいしゃでしんだいしゃ」は、よく聞くだじゃれだが、ぎなた読みの言葉あそびでもあるのだ。

```
寝台車で死んだ、医者
    ↕
死んだ! 医者で、死んだ医者
```

「ここではきものをぬぐべし」は、一休さんのとんち話に出てくる言葉。区切るところにより、次のように2つの文になる。

```
ここで、はき物をぬぐべし
    ↕
ここでは、着物をぬぐべし
```

この場合、「は」は、「は」と読んでも「わ」と読んでもかまわない。「お」と「を」も同じ。「は」と「わ」や「お」と「を」は、違う文字だが、音を聞いているだけではどちらも同じだからだ。

このようにぎなた読みは、文の区切りや音の読み方によって文の意味がかわる言葉あそびになる。

小学校の国語科の授業で

現在、ぎなた読みは、句読点の重要性を学習するための教材として用いられる。「りかちゃんとべんきょうしている?」といわれたら、次の3つのうち、どれを思いうかべるだろう。

「りかちゃんとべんきょうしている?」

①理科(を)、ちゃんと勉強している?
②リカ、ちゃんと勉強している?
③リカちゃんと(いっしょに)勉強している?

「今日はふる天気じゃない」という文は、「今日は、ふる天気じゃない」と区切るなら、晴れることになる。ところが「今日はふる。天気じゃない」と区切った場合には、意味がまったく正反対になってしまう。

これらの例を見ると「、(読点)」や「。(句点)」は、日本語の文のなかで重要な役割をもっていることがよくわかるだろう。

中級編

ぎなた読みのつくり方

ふだんつかっている言葉にも、ぎなた読みがつくれる言葉や文がたくさんある。気をつけてさがしてみてはどうだろう。次は、さがすときのコツとなる。

1 言葉を2つにわけることで、それぞれが、または、どちらか一方が別の意味をもつ言葉をさがす。

ひらめいた → ヒラメ + いた

教会 → きょう + 買い

2 見つけた言葉の前・うしろに言葉をつけたして文にする。

きのうひらめいたんだ
  → きのう、ひらめいたんだ。
  → きのう、ヒラメいたんだ。

きょうかいにいくよ
  → 教会にいくよ。
  → 今日、買いにいくよ。

ぎなた読みとだじゃれ

「アルミカンの上にあるみかん」は、小さい子どもがよくいうだじゃれだが、これは、まさにぎなた読みの要素が入っているものである。

アルミカンの上にあるみかん
　↙　　　↘
アルミカンの　　　アルミカンの
上にある、みかん　上に、アルミカン

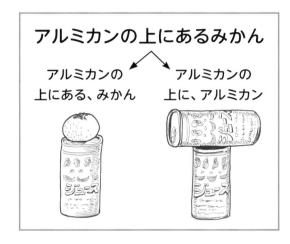

ほかにも、次のようなぎなた読みをつかっただじゃれが知られている。

オオカミがトイレに入ってさけんだ。
「おお、紙がない!」

「キャベツのなかに虫がいる」
「キャ! 別のにして!」

チャレンジコーナー

ぎなた読みクイズ

次の文に「、(読点)」を打ち、ぎなた読みをしてみよう。

❶ このこねこのこ

❷ きょうふのみそしる

❸ のろいのはかば

❹ たなかさんじゅうごさい

❺ ここのかにたべる

❻ あれがいしゃだよ

❼ きょうるすばんにこい

**❽ だんせいは
ここにはいりません**

答え ❶このこ、ねこのこ／この子、猫の子 ❷今日、ふのみそしる／今日の、みそしる ❸のろいのは、かば／呪いの、墓場 ❹田中さん、15さい／田中、35さい ❺ここの、かにたべる／9日に、食べる／ここの、カニ食べる ❻あれが、いしゃだよ／あれ、外車だよ ❼きょう、るすばんにこい／今日、留守番に来い ❽だんせいは、ここにはいりません／男性は、ここには入りません／男性は、ここにはいりません

ぎなた読みの昔と今

江戸時代の人びとは、ぎなた読みをおおいに楽しんだが、現在の人は、ぎなた読みに悩まされているといえる。

近松門左衛門は……

江戸時代に活躍した浄瑠璃や歌舞伎の作者の近松門左衛門には、ぎなた読みに関するエピソードがのこっている。

門左衛門が脚本を書いていたときに、じゅず屋が「どうしてそんなに読点を気にするのか」と笑った。すると門左衛門は、そのじゅず屋に次のような注文を出したという。

ふたえにしてくびにかける じゅず

じゅず屋は、「二重にして、首にかけられる（長い）じゅず」をつくって、門左衛門のところへもっていった。門左衛門は、「こんなに長いじゅずはたのんでない」といって受けとらなかった。その理由は「、（読点）」の位置をかえて読むとわかるのだ。つまり、門左衛門は「二重にし、手首にかけるじゅず」を注文したのだった。

現在のパソコンは

パソコンなどで、文を入力したとき、意味のとおらない漢字まじりの文になることがよくある。気がつかないと、「誤変換」が発生する。ぎなた読みにより、誤変換が起きてしまうのだ。

最近は、技術の進歩により、誤変換は、だいぶさけられるようになってきたが、それでも、「砂糖と塩」と書きたくて、仮名で「さとうとしお」と入力すると、「佐藤利雄」といった名前に変換されることがあるのだ。また、「お食事券」と書きたくて、「おしょくじけん」と入力すると、「汚職事件」という同音異義語に変換されることがある。

〈ぎなた読み〉

おしょくじけんだ
├→ 汚職事件だ。
└→ お、食事券だ。

〈だじゃれ〉

お食事券をもらうと汚職事件になるぞ。

畳語であそぼう！

中級編 5

同じ言葉をいくつも連ねてあそぶ言葉あそびがある。「畳の目」のようにいくつも連なっていることから「畳語」といわれ、古くから楽しまれてきた。

畳語の例

> にわにはにわうらにわにはに
> わにわとりがいる
> ↓
> 庭には、2わ、
> うら庭には、2わニワトリがいる

> 庭に、はにわ、
> うら庭には、2わニワトリがいる

この畳語は、「にわ（は）」や、「『にわ』が入っている言葉」を何回も連ねて文にしたもの。畳語は「ぎなた読み」（→p38）と同じで、どこで区切るかが重要である。

かさね言葉

畳語の基本は、かさね言葉にあると見ることができる。「かさね言葉」には、「バチャバチャ」「しとしと」といったオノマトペ（→p45）や「お目め」「ブーブー」のような赤ちゃん言葉、「山やま」「人びと」など、また、「奇奇怪怪」などの四字熟語もある。

助詞をつかった畳語

言葉と言葉をつなぐ働きをする助詞の「は」「も」「が」などが畳語によくつかわれる。次はその例だ。

> ははのひにはははははははの
> はははははははははのははの
> はははははははとわらった
> （母の日に母はハハハ、母の
> 　母はハハハハ、母の母の
> 　母はハハハハハと笑った）

> もももももすももももも
> ももももすもももももものうち
> （モモもモモ、スモモもモモ、
> 　モモもスモモもモモのうち）

42

畳語のつくり方

ここでは、長い畳語のつくり方を紹介する。できるだけ長い文をつくってみよう。

1 同じ音が入る言葉をさがす。名詞に限らない。

シカ　カモシカ　アシカ
しかも　しかし　たしか
しかたなし

2 意味がとおるように並べて文にする。カタカナや漢字まじりで、助詞や句読点を入れて区切りのある文をつくってから、仮名にして続ける。

シカ　も　シカ　。
しかも　カモシカ　も　シカ　？

↓

しかもしかしかもかもしかもしか？

3 1でさがした言葉をつかって、できるだけ長く文をつなげる。ただし、意味がとおる文でなければならない。

シカもシカ。しかし、
カモシカはシカでない。
しかも、たしか　アシカも
シカでないので、しかたない。

↓

しかもしかしかし
かもしかはしかでない。
しかもたしかあしかも
しかでないのでしかたない。

もう1つ例を見てみよう。

例　聞き手　きき手　きき耳
左きき　聞き書き　右手

きき手の右手を
けがした聞き手が
きき耳たてて聞き書きしたが
左ききの聞き手には
かなわなかった。

↓

ききてのみぎてを
けがしたききてが
ききみみたててききがきしたが
ひだりききのききてには
かなわなかった。

中級編

短歌のなかの畳語

畳語の歴史は古く、
日本で現存する最も古い歌集である『万葉集』にも
畳語の短歌がのっている。

昔の畳語短歌

つきづきに
つきみるつきは
おおけれど
つきみるつきは
このつきのつき

よきひとの	よき人の
よしとよくみて	よしとよく見て
よしといひし	よしといひし
よしのよくみよ	吉野よく見よ
よきひとよきみ	よき人よきみ

これは、昔から伝わっている畳語短歌である。漢字をつかって書けば、「月づきに　月見る月は多けれど　月見る月は　この月の月」となる。

意味は「毎月毎月いろいろな月を見るけれども、見るべき月は、この8月の名月だ」。

旧暦の8月15日、中秋の名月のときによまれたと推測され、「月」が8回出てくるのも「8月」であることをあらわしているともいう。

次は、『万葉集』におさめられている天武天皇がよんだといわれている短歌である。

この短歌の意味は、「昔のりっぱな人が、よいところとしてよく見て『吉野』と名づけたというこの土地のけしきを、りっぱな人であるきみもよく見るがよい」。

江戸時代になると、狂歌という短歌がはやる。「狂歌」は、皮肉などをまじえておもしろくよんだ短歌のことだ。次は、畳語でできた狂歌として知られるもの。「ウリ売り」は、当時の夏の風物詩として生活になじんでいた。

うりうりが	ウリ売りが
うりうりにきて	ウリ売りにきて
うりのこし	売りのこし
うりうりかえる	売り売りかえる
うりうりのこえ	ウリ売りの声

中級編 6 オノマトペであそぼう！

「オノマトペ」とは、「擬音（声）語」と「擬態語」をまとめていう言葉。日本語はオノマトペが非常に多いことが大きな特徴だとされている。外国語にも擬態語はあるが、日本語は、外国語とくらべると数が多い。

擬音（声）語と擬態語

「擬音（声）語」は、実際に聞こえる音や声を言葉であらわしたもの。一方、擬態語は、ものや人のようすを言葉にあらわしたものだ。

下の例のように、擬音（声）語はカタカナで、擬態語はひらがなで書くことが多いが、きまりではない。

擬音（声）語

ブクブク　リンリン　ゴーゴー　コトコト

擬態語

しゃきっと　ぴんぴん　どんより　わくわく

「ザーザー」「ポツポツ」は、雨の音をあらわす擬音語だが、同じ雨のようすをあらわす「ぱらぱら」や「しとしと」は擬態語といわれている。

また、次のように擬音（声）語と擬態語のどちらにもつかえるオノマトペもたくさんある。

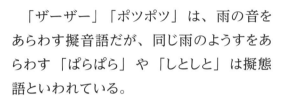

たいこをドンドンたたく（擬音語）

英語がどんどん上達する（擬態語）

目、鼻、舌、肌で感じる

擬態語は、下の例のように、目、鼻、舌、肌で感じたものをあらわすことが多い。

| 目 …… ぴかぴか（光る） |
| 鼻 …… ぷんぷん（におう） |
| 舌 …… ぴりぴり（感じる） |
| 肌 …… ざらざら（する） |

また、「にこにこ」「うきうき」のように、人が想像して音であらわしたものもたくさんある。

オノマトペの清音・だく音

いろいろなオノマトペをくらべてみると、清音とだく音（「゛」がつく音）、半だく音（「゜」がつく音）とだく音では、それぞれ、人の感じ方に傾向があることがわかる。

たとえば、ものをたたくようすをあらわす擬音語について、「トントン」と「ドンドン」とでは、だく音のほうが強い感じがする。

これらは、どれもだく音のほうが、より強い、よりはげしい感じがする。また、このことは、擬態語についてもいえる。「しっとり感」と「じっとり感」では、だく音のほうが程度が強い感じがする。この例には、次のようなものがある。

水滴が**ぽたぽた**おちる。

水滴が**ぼたぼた**おちる。

草むらで**カサカサ／ガサガサ**もの音がした。

おせんべいを**パリパリ／バリバリ**音をたてて食べる。

中級編

オノマトペのつくり方

オノマトペは感じたことをあらわすので、人によって違ってあらわされる。想像力をふくらませて、自分だけのオノマトペを自由につくることができるのだ。

パターンA

いろいろな音をよく聞いて、自分が聞こえたとおりに擬音（声）語にする。

●水をそそぐ音

ジョボジョボ／
チョプチョプ／
ジョ□□□

●つくえをたたく音

タンタン／
トントン／
バンバン／
コツコツ

パターンB

ものを見たりさわったりして、感じたとおりに擬態語にする。

●綿を見たときの感じ

ふわふわ／
やわやわ／
もふもふ

●ガラスをさわったときの感じ

つるつる／
すべすべ

さまざまなオノマトペ

擬音(声)語・擬態語は、奈良時代に書かれた『古事記』に出てきたものが、文字として今にのこる最古のものと考えられている。
オノマトペは、日本と外国では大きくことなる。

オノマトペの変化

奈良時代に書かれた『古事記』では、イザナギ、イザナミという神さまが国づくりのために海をかきまぜる場面で「こをろこをろ」という擬態語と考えられる言葉がつかわれている。

このオノマトペとよく似たものに「ころくころく」がある。これは、奈良時代の人がカラスの鳴き声をあらわしたものだとされている。

ところが、鎌倉・室町時代になると、カラスの鳴き声は、「こかこか」と表現する人が多くなったらしい。

それが現在では、カラスの鳴き声を、「カーカー」という擬音(声)語であらわす人が多い。

外国のオノマトペ

次は、いろいろな国のニワトリの鳴き声のオノマトペをカタカナであらわしたもの。同じ音でも違ってあらわされる。

日本	コケコッコー
アメリカ	コッカドゥールドゥ
ロシア	クカレクー
ミャンマー	オイイッオー
インド	ククルーンクーン
ドイツ	キッキレキ
イタリア	キッキリキー

もちろん、日本のニワトリが「コケコッコー」と鳴いて、アメリカのニワトリは「コッカドゥールドゥ」と鳴くわけではない。ニワトリの鳴き声はどこの国でも同じと考えてよい。それなのに、なぜこんなに違ったオノマトペになるのか。

　日本では、子どもは大人から動物の鳴き声を教えられる。小さいころから、犬は「ワンワン」、ねこは「ニャーニャー」といわれて育つ。このため自分も自然とそういうようになり、そう聞こえるようになるのだという。動物の声の擬音（声）語がその国によって違っているのは、こうした背景が考えられるのだ。

いろいろな国の動物の鳴き声

ねこ

日本語	ニャーニャー
韓国語	냐옹 냐옹 (ニャオン ニャオン)
中国語	喵 (ミアオ)
タイ語	เหมียว เหมียว (ミアウ ミアウ)
英語	meow meow (ミアウ ミアウ)
ドイツ語	miau miau (ミアウ ミアウ)
フランス語	miaou (ミャウ)
スペイン語	miau miau (ミャウ ミャウ)
ロシア語	мяу мяу (ミャーウ ミャーウ)

犬

日本語	ワンワン
韓国語	멍멍 (モン モン)
中国語	汪汪汪 (ワン ワン ワン)
タイ語	โฮ่ง โฮ่ง (ホン ホン)
英語	woof woof* (ウフ ウフ)
ドイツ語	wau wau (ワウ ワウ)
フランス語	ouaf ouaf (ウフ ウフ)
スペイン語	guau guau (グァウ グァウ)
ロシア語	гав гав (ガフ ガフ)

ぶた

日本語	ブーブー
韓国語	꿀꿀 (クル クル)
中国語	拱拱 (ゴン ゴン)
タイ語	อู๊ด อู๊ด (ウッド ウッド)
英語	oink oink (オインク オインク)
ドイツ語	grunz grunz (グルンツ グルンツ)
フランス語	groin groin (グロワン グロワン)
スペイン語	oinc oinc (オインク オインク)
ロシア語	хрю хрю (フリュー フリュー)

*うなり声。鳴き声はbow wow（バウワウ）ともいう。

上級編 1 山号寺号って、何?

「山号寺号」は、江戸時代に落語から生まれた言葉あそびのこと。「○○さん△△じ」の○○や△△に入る言葉をさがすものだ。

金龍山浅草寺

東京の下町にある観光名所浅草寺。「浅草の観音さま」とよばれるこの寺の正式な名前は、金龍山浅草寺という。このように多くの寺院には「○○山△△寺」というよび名がある。高野山金剛峯寺、成田山新勝寺などは、大晦日や正月などによく聞く名前だが、○○山にあたる山号として、その寺院がある山の名前をつけている寺院もあれば、所在地とは関係のない仏教用語を山号としてつけている寺院もある。

言葉あそびの山号寺号は、登場人物が次つぎにでたらめな山号寺号をつくっていく落語の演目「山号寺号」(「恵方参り」ともよばれる)から生まれ、しだいにとんち(時と場所におうじてとっさにはたらく知恵)のきいた「○○さん△△じ」をつくるものとして広まっていったと考えられている。「とんちのきいた」とは、山号と寺号がうまく関連していておもしろいということだ。

落語の「山号寺号」

落語の「山号寺号」は、演じる落語家によって少しずつことなっているが、おおよそ次のようなあらすじだ。

ある若だんなが、浅草の観音さまにお参りにいく。すると、そこへ一八という芸人があらわれ、どこへいくのかたずねる。若だんなが浅草の観音さまだ、とこたえると、一八は、「あの金龍山浅草寺ですか」といって、「だって、どんなところにも山号寺号がありますからね」と、つけくわえる。すると若だんなは、「どんなところにも山号寺号とやらがあるのかい?」とたずね、さらに「もしあったら、こづかいをやる」といって少しこまったようすの一八につめよる。一八はとんちをきかせて次からつぎへと「山号寺号」をつくりあげ、若だんなからどんどんお金をとっていく。「こんどは、わたしがやろう」といって、若だんなは、一八のさいふをとりあげ、「いちもくさん随徳寺[*1]」といいながらにげていく。これに対し一八は「南無三[*2]、仕損じ」といい、落語のおちとなる。

[*1] 「随徳寺」とは、「ずいっと」そのままにしてにげることを、寺号にした言葉。
[*2] 「南無三」とは、南無三宝の略で、おどろいたときや失敗したとき、成功をいのるときなどにつかう言葉。

上級編

山号寺号のつくり方

どのようにすれば、とんちのきいたおもしろい山号寺号がつくれるのだろうか。

1 「○○さん（ざん）」という言葉をできるだけ多くさがす。

おじさん

市長さん

田中さん

「おかあさん」「おとうさん」など、人をあらわす言葉には「さん」がつくものがたくさんある。また、個人の名前や職業名などにつければいくらでも出てくる。

2 産、山、三、参、酸、算、散、残など、「さん（ざん）」と読む漢字をさがしてから、それらが言葉の最後になる熟語を見つける。

登山

財産

出産　炭酸　外国産
計算　降参　アミノ酸
解散　無残　火山

漢字だけでなく、「たくさん」「ごくろうさん」などでもよい。

3 「○○さん」に関係する言葉で、「じ」でおわるものをさがす。

おじさん……そうじ・刑事
市長さん……おやじ・指示
出産…………無事・双生児

意味のとおる文にするために、「○○さん（ざん）」や「△△じ」の前に、別の言葉をつけたすと、さらによくなる。

おじさん、朝からそうじ

市長さん、近所のおやじ

ついに出産、あかちゃん双生児

チャレンジコーナー

山号寺号クイズ
さんごうじごう
○と△に1文字ずつ入れて、山号寺号を完成させよう！

❶ ふじさん、
   そらには△じ

❹ おまわりさん、
   うでききの△△じ

❼ おしょ○さん、
   おおそ△じ

❷ さかなやさん、
   とれたての△じ

❺ しょうぼうしさん、
   △じ

❽ しゃ○○○さん、
   ぶかに△じ

❸ やおやさん、
   おすすめの△△じ

❻ コックさん、
   かくし△じ

❾ ○○さん、
   けんこう△△じ

答え ❶ふじさん、空にはにじ ❷さかなやさん、とれたてのあじ ❸やおやさん、おすすめのもやし ❹おまわりさん、うできの巡査 ❺しょうぼうしさん、火事 ❻コックさん、かくし味 ❼おしょうさん、大そうじ ❽しゃちょうさん、部下に指示 ❾みなさん、けんこうだいいち

（かなざわ　信幸　文／絵）

52

上級編 2 無理問答しよう!

「問答」は、文字どおり「問い」と「答え」で、「無理」は、「物事の筋道がたたず道理にあわないこと」をいう。江戸時代には、「無理矢理おこなう問答」が、言葉あそびとしてさかんにおこなわれていた。

無理問答の実例

問い
☐ のに（でも）、
☐ とはこれいかに？

答え
☐ のに（でも）、
☐ というがごとし

無理問答は、ふたりでやりとりするのがふつう。次は、昔からある無理問答の例。

問い
晴れの日でも、
雷門とはこれいかに？

答え
くさくもないのに、
におうもん（仁王門）というがごとし

問いには、「晴れ」と「雷」、答えには「くさくもない」と「におう」といった、意味がくいちがう言葉が入っている。このように問いと答えにくいちがう言葉が入りながら、意外な関係があることにおもしろさが見いだせるといった言葉あそびが、無理問答なのだ。

問う人も答える人も、とんちをきかせる高度なあそびだといえるだろう。

無理問答は、江戸時代にさかんにおこなわれていたが、新しいネタをつかった現代版の無理問答には、次の例がある。

問い ボウルで出しても、
サラダ（皿だ）とはこれいかに？

答え 四角いお皿にのせても、
丸焼きというがごとし

問い アフリカにあるのに、
ナイジェリア（ない）とは
これいかに？

答え アメリカにあるのに、
ナイアガラ（ない）の滝
というがごとし

無理問答のつくり方

　無理問答は、言葉あそびのなかでも、つくるのがむずかしいと感じられるもの。でも、次のようにしてみると、かんたんにつくることができる。

1 意味が反対だったり、大きくことなったりする言葉の組みあわせをさがし、問いの「○○○のに（でも）△△△とはこれいかに？」にあてはめる。

大 ⇔ 小
大きいのに、小説とはこれいかに？

いる ⇔ いぬ
そこにいるのに、いぬ（犬）とはこれいかに？

1 ⇔ 2
1(1)本でも、に(2)んじんとはこれいかに？

2 問いの内容と関連させて、もう1組の言葉の組みあわせをさがし、答えの「▽▽▽のに（でも）、□□□というがごとし」のかたちにあてはめる。

問い 大きいのに、小説とはこれいかに？

答え 小さくても、大じてんというがごとし

問い 1本でも、にんじんとはこれいかに？

答え 2個でも、いちじくというがごとし

> **問い**
> そこにいるのに、いぬとはこれいかに？
>
> **答え**
> どこにもいかないのに、
> さる（去る）というがごとし

　関連する言葉をさがすとき、だじゃれが入ってくると、もっとおもしろくなる。「1つなのに、み（3）かんとはこれいかに？」「10ぴきなのに、アリのお礼（0）というがごとし」には、「ありがとう（アリが10）」といっただじゃれが入っている。

　「鉛筆を入れても、筆箱とはこれいかに？」「ペンを入れても、筆入れというがごとし」というように、ただ名称がへんだと指摘するだけでは、無理問答とはいいがたい。

対戦式の「無理問答」

　「無理問答」という名前は同じでも、「対戦式無理問答」という、違うルールの言葉あそびがある。相手のいうことにまともに答えてしまったら、負けになるという言葉あそびだ。

　これは、ⒶⒷふたりの問答だが、Ⓑは、Ⓐのいうことに関係ないことをいう。ところが、Ⓐの「いま何時？」の問いに対し、思わず答えてしまった場合には、Ⓑの負けとなるのだ。

チャレンジコーナー

無理問答クイズ

○△□に1文字ずつ仮名を入れて無理問答を完成させよう！

❶ 1まいでも○○べいとはこれいかに？

ひとりでも△△にんというがごとし

❷ 山があるのに○○○○県とはこれいかに？

島があるのに△△△(え)県というがごとし

❸ 晴れた日になめても○○とはこれいかに？

冬に食べても△△まきというがごとし

❹ ○○○が読んでもこよみとはこれいかに？

△△△が歩いても□□□というがごとし

❺ 死んでいないのに、○○○○○とはこれいかに？

雨の日でも、△△△△姫というがごとし

答え ❶せん/にん（仙人）／せん/にん（千人） ❷やまなし（山梨）／しまね（島根） ❸あめ／はる（春巻） ❹おとな／こども／こよみ／こよみ ❺しらゆき／しらゆき（白雪）

江戸時代と現代の無理問答

江戸時代さかんだった無理問答は、現代では、落語くらいで、一般ではあまりおこなわれない。
しかし、人気子ども番組のなかに似たような歌があるという。

「問答河岸」

1640年に徳川家光が江戸（現在の東京）の品川にある東海寺を訪れたとき、そこの和尚の沢庵に、河岸※を案内してもらった。そのとき、下のような無理問答をしたという記録が、『徳川実紀』という本にのこっている。のちにその場所が「問答河岸」とよばれるようになった。

※船から荷物をつみおろしする場所。

〈家光〉
海近くして東（遠）海寺とは
これいかに

〈沢庵〉
大軍をひきいても将（小）軍
というがごとし

『いっぽんでもニンジン』

昭和50年代に人気となった子ども向けのテレビ番組「ひらけ！ ポンキッキ」でうたわれた『いっぽんでもニンジン』という歌には、無理問答の要素がとりいれられていた。

♪
いっぽんでも　ニンジン
にそくでも　サンダル
さんそうでも　ヨット
よつぶでも　ゴマシオ
ごだいでも　ロケット
ろくわでも　シチメンチョウ
しちひきでも　ハチ
はっとうでも　クジラ
きゅうはいでも　ジュース
じゅっこでも　イチゴ

上級編 3 回文とは？

「トマト」「しんぶんし」のように、上から読んでも下から読んでも同じ言葉を「さかさ言葉」という。それと同じように、上から読んでも下から読んでも同じ文のことを「回文」という。

回文の基本はさかさ言葉

「みみ（耳）」「はは（母）」「ちち（父／乳）」は、2文字のさかさ言葉。3文字のものには、「トマト」「アジア」などがある。4文字では「きつつき」、5文字では「しんぶんし」などが見つかる。さかさ言葉は、さがしてみると、けっこうたくさん見つかるはずだ。

さかさ言葉と回文

言葉がいくつかつながったものを「句*1」または「文*2」とよぶ。さかさ言葉を、言葉と言葉をつなぐ働きをする助詞の「と」や「の」でつなげると、さかさ言葉の句ができる。

句になっているさかさ言葉に対し、「ねこのこ（子）ね。」や「もと（元）はとも（友）。」のように、言葉がただつながっただけでなく、おわりに「。（句点）」をうつことができれば、回文となるわけだ。

*1 いくつかの言葉があつまったもの。
*2 いくつかの言葉があつまって、「。（句点）」でおわるもの。

漢字のさかさ言葉

「このこねこのこ」を漢字を入れて書くと、「この子猫の子」となる。これをさかさにしても「子の猫子のこ」。これでは、なんのことかわからないが、「日曜日」や「水道水」などの漢字は、漢字のまま逆から読んでも同じだ。これが「漢字のさかさ言葉」だ。

ちちとはは（父と母）
ちちのはは（父の母）

会社社会

回文のつくり方

「なんか、むずかしそう」と感じるかもしれない。だが、次の手順でやってみるとうまくつくれる。

1 ある言葉と、その言葉をさかさから読んでも意味の通じる言葉のセットをさがす。

あさ	⇔	さあ
いるか	⇔	かるい
わたし	⇔	したわ

2 見つけた言葉をつなげて、意味のとおる文にする。

●そのままつなげたもの

さあ ＋ 、(読点) ＋ あさ

→さあ、あさ (さあ、朝)

●「は」「が」「の」などの助詞でつなげたもの

いるか ＋ は ＋ かるい

→いるかはかるい (イルカは軽い)

わたし ＋ が ＋ したわ

→わたしがしたわ

3 さかさ言葉や回文のあいだ、または、上と下にわけて、別のさかさ言葉や回文になる言葉をつけくわえると、もっと長い回文をつくることができる。

●あいだにつけたもの

わたし ↑ したわ
いたいいたい

わたしいたいいたいしたわ
(わたしイタイイタイしたわ)

●前後につけたもの

この → こどもどこ ← のこ

このこどもどこのこ
(この子どもどこの子)

●あいだと、前後につけたもの

この → こども ↑ どこ ← のこ
にわとりとことりとわに　も

このこどもにわとりと
ことりとわにもどこのこ
(この子どもニワトリと
　ことりとワニもどこの子)

チャレンジコーナー

回文クイズ
○に同じ文字を入れて、回文をつくろう！

❶ よ○かん・か○よ

❷ ○らない・なら○

❸ ○いやき・やい○

❹ ひ○も・くも○ひ

❺ よる○・く○るよ

❻ ○のきの・きの○

❼ よそ○は・○そよ

❽ さ○なは・な○さ

❾ ○がかぬ・かが○

❿ ○つね・はねつ○

⓫ くま・○んぶん○・まく

⓬ たい○う・ごうごう○いた

答え：1)う 2)つ 3)た 4)さ 5)こ 6)え 7)う 8)か 9)き 10)き 11)し 12)ふ

昔の回文

回文の歴史は古く平安時代にさかのぼる。
しかも、回文の短歌などもつくられていた。

回文の短歌

下の短歌は、藤原清輔という人が書いた『奥義抄』という本にのっているもの。日本で一番古い回文の短歌として知られている。

むら草に
草の名はもし
そなはらば
なぞしも花の
咲くに咲くらむ

（野に咲く草にもし名前があったならば、どうしてさくらの花が咲き、人びとの関心がそちらにあるときに（同じように）花を咲かせるのだろうか）

このように短歌が、上から読んでも下から読んでも同じになっている。
　江戸時代になると、よい初夢を見られるように、「宝船」の絵といっしょに、回文を書いた紙を、まくらの下にしいて寝るという習慣が生まれた。たいてい米だわらなどをつんだ帆かけ舟に七福神がえがかれ、右の例のような回文が書きそえられた。

なかきよの
とをのねふりの
みなめさめ
なみのりふねの
おとのよきかな

（長い夜のふかいねむりから
　みんなめざめる。
　船が波にのって進む音が
　なんともちのいいことだろう。）

この回文も、短歌になっている。短歌の五・七・五・七・七の切れ目は、上から読んだときと下から読んだときでは、通常は、ことなってしまうが、これも、左の短歌と同じで上下どちらから読んでも、短歌がなりたつように考えられている。

↓
なかきよのとをのねふりのみなめさめなみのりふねのおとのよきかな

㈤ ㈦ ㈦ ㈤ ㈤ ㈦ ㈦ ㈤
↑

61

さくいん

あ行
あたまとり ……………………… 10、11
アナグラム ……………………… 36、37
『いっぽんでもニンジン』 ……… 57
意味とり ……………………………… 10
いろは歌 ………………………… 35、37
外郎売 ………………………………… 24
英語 ……………………… 25、37、49
江戸文字鎖 ………………………… 13
『奥義抄』 …………………………… 61
オノマトペ … 42、45、46、47、48、49

か行
回文 ………………… 58、59、60、61
かけことば ……… 26、28、29、30、31
かさね言葉 ………………………… 42
韓国語 …………………………… 25、49
漢字しりとり ………………………… 9
漢字のさかさ言葉 ………………… 58
擬音(声)語 ………… 45、47、48、49
擬態語 ……………… 45、46、47、48
ぎなた読み … 33、38、39、40、41、42
狂歌 …………………………………… 44
金龍山浅草寺 ……………………… 50
句点 …………………………… 38、58
句読点 ………………………… 38、43
源氏文字鎖 ………………………… 12
『源氏物語』 ………………………… 12
『古今和歌集』 ……………………… 30

『古事記』 …………………… 35、48
五十音 ……………………………… 37
ことわざ …………………………… 17
ごろあわせ ……… 18、19、20、21

さ行
さかさ言葉 ……………………… 58、59
山号寺号 ………………… 50、51、52
3文字言葉しりとり ………………… 8
地口 ……………………………… 17、24
地口行灯 …………………………… 17
舌もじり …………………………… 24
しゃれ ………………………… 14、17、26
畳語 ……………………… 42、43、44
助詞 ……………………… 42、43、58、59
しりとり ……………… 8、9、10、12、13
スペイン語 ………………………… 49
清音 ………………… 32、33、34、35、46

た行
タイ語 ……………………………… 49
だく音 ……………… 32、33、34、35、46
だく点 ……………………… 32、33、34、35
だじゃれ ……………………… 14、15、
　　　　　　 16、17、19、26、38、39、41、55
短歌 ……………………… 26、30、31、44、61
近松門左衛門 ……………………… 41
中国語 …………………… 25、35、49
つけたし言葉 ……………… 18、19

テーマしりとり	9
ドイツ語	49
同音異義語	15、28、41
読点	38、40、41、59
徳川家光	57
『徳川実紀』	57
どこでもとり	10

な行

鳴き声	48、49
2文字まとめどり	9
『日本書紀』	35

は行

俳句	29
早口言葉	22、23、24、25
半だく音	32、33、46
半だく点	32
「ひらけ！ ポンキッキ」	57
藤原清輔	61
フランス語	49

ま行

万葉仮名	35
『万葉集』	35、44
無理問答	53、54、55、56、57
文字鎖	12、13
問答河岸	57

ら行

落語	50、57
ロシア語	49